AF357127

DU MUSÉE DE TOULOUSE

ET DU

RAPPORT DE M. GEORGE

ANCIEN COMMISSAIRE EXPERT DU MUSÉE DU LOUVRE.

Les quelques personnes dont je suis particulièrement connu savent à quelle occasion et pour quels motifs j'ai cessé d'être conservateur du Musée ; mais on l'ignore dans le public : je ne me croyais aucun intérêt à le lui apprendre.

Préoccupé alors de plus graves questions et de luttes plus sérieuses, que lui importait si j'ai spontanément quitté une position devenue intolérable pour moi, ou si l'expression trop sincère de ma pensée m'a fait encourir la disgrâce de l'administration ?

J'étais d'ailleurs bien convaincu que les doutes de l'opinion sur les causes réelles de ma retraite ne pouvaient atteindre mon honorabilité ; et, comme l'illustre auteur du *Discours sur la Méthode,* « je me tenais « plus obligé à ceux par *la faveur* desquels je jouissais sans empê- « chement de mon loisir, que je ne le serais à ceux qui m'offriraient le « plus honorable emploi de la terre. »

Ce calme philosophique dura tout un an ; mais voilà que, dans son numéro du 1er septembre dernier, la *Revue de Toulouse* annonce à grand bruit un travail de M. George sur notre Musée : c'est un rapport adressé, dit-on, à M. le Maire, tandis que j'étais encore à la tête de cet établissement ; et la *Revue* en publie un premier chapitre, où ses lec-

1862

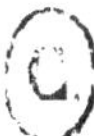

teurs trouvent que la tenue de nos collections artistiques a été déplorable jusqu'à ce jour, que de nombreux tableaux ont disparu, que j'en étais instruit, et que j'ai des explications à fournir si je ne veux donner prise à la malveillance.

A cette révélation inattendue, aucune incertitude ne semblait plus possible. Tous devaient croire que M. Prévost, coupable d'incurie ou peut-être de malversation, avait été révoqué, à moins que, par un reste d'indulgence, on ne se fût borné à exiger de lui sa démission.

Le silence dès-lors ne m'était plus permis. J'avais à protester contre les imputations dont le Directeur de la *Revue* s'est fait l'organe ; j'avais à l'interroger sur l'instigateur occulte de sa publication ; j'avais à signaler les projets dangereux, selon moi, qu'on prépare. Tel fut l'objet de la lettre que j'adressai à M. Lacointa lorsque, revenant des eaux, son numéro du 1er septembre me fut communiqué. Me souvenant qu'en pareille occasion M. Horsin-Déon, pour obtenir l'insertion d'une réponse aux attaques de la *Revue*, avait dû recourir au ministère d'un huissier, j'usai du même moyen, car le 1er novembre approchait.

Cette lettre parut donc dans le numéro du 1er novembre.

Si M. Lacointa, comme il l'a prétendu depuis, me tenait *pour un galant homme en toute manière*, il aurait compris mes susceptibilités et les eût accueillies sans m'en faire un reproche. Si, quand il publia le rapport de M. George, il avait agi en connaissance de cause, avec réflexion, il aurait répondu à mes questions au lieu de les supprimer. Ces suppressions et les notes dont il a hérissé mon texte en ont détruit le caractère. Je sais très-bien que j'aurais pu obtenir son entière insertion par les moyens judiciaires, mais ces moyens sont peu de mon goût.

En vain M. Lacointa a voulu m'attirer sur le terrain de la polémique et mis sa *Revue à ma disposition :* ce n'est pas à lui que j'ai à demander justice ; ses provocations me touchent infiniment peu ; je n'ai l'intention de lui fournir ni des articles ni des occasions d'articles, et s'il me convient de m'adresser au public, je le trouverai ailleurs qu'à la *Revue de Toulouse.*

Pour le public, très restreint d'ailleurs, que j'ai besoin d'éclairer, voici d'abord ma lettre du 22 octobre, dans sa teneur originaire, sauf un passage que je retranche, comme M. Lacointa, par les motifs que je dirai plus bas.

Toulouse, le 22 octobre 1861.

A Monsieur le Directeur de la REVUE DE TOULOUSE.

« MONSIEUR,

Pendant mon absence, vous avez publié dans la *Revue de Toulouse* (n° du 1er septembre 1861) un Rapport de M. George sur notre Musée. J'y trouve que, *ayant visité tous les musées de l'Europe,* M. George n'en a vu aucun *où il règne autant d'incurie et de désordre,* assertion qu'il justifie par quelques détails sur lesquels je ne veux pas m'expliquer ; après quoi, il n'hésite pas à dire qu'*en remarquant cette coupable négligence, on se demande avec peine si le Musée n'a pas de conservateur.*

A l'époque où M. George est censé avoir écrit ces choses, je portais le titre de *conservateur* du Musée, vous ne l'ignorez pas plus que lui ; c'est donc moi que votre publication accuse, et vous avez tort d'écrire dans votre n° du 1er octobre que *les critiques de M. George ont un ton d'observations générales qui s'appliquent à tout le monde et à personne en particulier.*

Un fait spécial en a convaincu vos lecteurs avec plus d'évidence encore :

M. George signale la disparition d'un tableau peint par Antoine Coypel. Il tient, dit-il, de M. Suau que cette composition *existait encore en 1850,* si bien que M. Suau *la fit mesurer devant lui,* et qu'elle figure dans son catalogue avec toutes ses dimensions ; et néanmoins, lorsque M. George la réclame, *M. Prévost* (c'est bien moi, M. le Directeur !), M. Prévost déclare qu'il ne l'a jamais connue, et qu'elle ne figure pas au Musée depuis plus de vingt ans !... Or, les preuves que balbutie M. Prévost, M. George les trouve mauvaises ; *il aurait de beaucoup préféré que M. Prévost s'appuyât sur un inventaire général…. Ce serait l'unique moyen de faire cesser des bruits accrédités à Toulouse…. qu'un grand nombre de tableaux manquent au Musée.*

A qui s'adressent ces soupçons de détournement, M. le Directeur ? Direz-vous encore : *à tout le monde et à personne en particulier ?* Non ; car voici la fin de la phrase : « Malgré l'invraisemblance de ces bruits, la « Direction ne saurait les tolérer sans donner prise à la malveillance. »

En publiant le Rapport de M George, vous le faisiez vôtre, Monsieur.

Ainsi vous me donnez personnellement le conseil de ne pas tolérer *des bruits compromettants ;* ainsi, à quiconque les propage, je dois, selon vous, demander raison. C'est aussi mon sentiment, et je suis heureux de l'appuyer sur celui d'un homme qui, comme Directeur d'une *Revue,* et comme fonctionnaire public, se prévaut, à si juste titre, de *ses habitudes de prudence.*

La *Revue de Toulouse n'agissait point à l'étourdie, elle se rendait parfaitement compte de ce qu'elle faisait :* vous le dites après réflexion (n° du 1er octobre), et je vous crois. A ce compte, vous serez donc en mesure de répondre aux questions que je me permets de vous adresser ici.

Et d'abord, Monsieur le Directeur, êtes-vous bien certain que le rapport de M. George ait été remis à M. le maire Policarpe, comme vous l'affirmez page 240, dans l'état où vous le décrivez page 242 ?

S'il en était ainsi, — et j'ai mes raisons d'en douter, — comprenez-vous que ni M. Policarpe ni son successeur, apprenant par M. George *les désastres du Musée,* n'aient pas immédiatement ouvert cette enquête qu'avec lui vous sollicitez ? qu'ils n'aient même pas pris la peine de me demander une explication ? Leur abstention ne vous a-t-elle inspiré aucun scrupule ? Pas plus qu'à ces honorables magistrats, la pensée ne vous est-elle pas venue de m'entendre ?

Le rapport de M. George a été payé par la ville, vous l'avez appris comme tout le monde : payé deux fois, grâce peut-être à ma bienveillante intervention ; c'était un document privé à l'usage de M. le Maire et de la commission qui s'occupait des restaurations du Musée. « Supposer que M. le Maire en ait provoqué ou permis la publication, « serait absurde ; car tous les administrateurs qui ont précédé M. de « Campaigno y sont attaqués avec violence ; car, si des fautes ont été « commises, si des dilapidations ont eu lieu, ce n'est pas en s'adressant « aux lecteurs de la *Revue* qu'un Maire qui connaît ses devoirs en « provoquerait la constatation : qui donc, M. le Directeur, en a requis « ou autorisé l'insertion dans votre recueil?

« Si M. George vous avait remis son brouillon dans ce but, vous « auriez facilement entrevu qu'il disposait de la chose d'autrui.

« Si vous en aviez reçu communication officieuse des bureaux de la « Mairie, vous auriez reconnu de même qu'il y avait abus de confiance « à vous l'approprier comme article de Revue.

« Je repousse donc aussi cette hypothèse ; mais je persiste à vous de-
« mander comment et par qui cette publication a été faite. (1) »

Elle attaque, vous en convenez, *tout le monde*, c'est-à-dire tous ceux
qui, à un titre quelconque, ont eu l'administration du Musée depuis son
origine. Je suis de ce nombre, et j'ai bien le droit de m'émouvoir pour
la part qu'il vous convient de me faire dans ce blâme universel. — De
là aux autres questions.

Me connaissez-vous?

Etranger à notre ville, presque autant que M. George, avez-vous du
moins interrogé sur mon caractère, sur ma moralité, sur mes antécé-
dents, non pas les écrits qu'il me serait loisible, comme à tout autre, de
rédiger pour ma plus grande gloire, mais les honnêtes gens qui savent
ma famille, mes études, mes travaux d'artiste, ma vie privée tout entière?

Avez-vous ouï dire qu'elle ait été souillée par la débauche, compro-
mise par des spéculations équivoques, déshonorée par des actes d'indé-
licatesse ou de fraude? J'espère que non, Monsieur le Directeur ; et
cependant vous me conviez à me défendre quand on dénonce des détour-
nements commis au Musée !

Les imputations consignées dans un rapport au Maire, qui seul en
était juge et pouvait les réduire à leur juste valeur, n'auraient pas eu
puissance de me blesser, lors même que je les aurais connues : livrées
au public, le lendemain du jour où j'ai cessé mes fonctions, elles con-
stituent une diffamation cruelle dont vous vous êtes fait l'éditeur res-
ponsable, et que je qualifierai autrement quand l'heure sera venue.

Puisque *vous vous êtes rendu compte de ce que vous faisiez,* vous
pourrez donc me répondre :

Savez-vous à quelle date on m'a confié le Musée? quelles y étaient mes
attributions? si un inventaire des tableanx existants me fut remis?
par qui fut dressé l'inventaire qui manquait avant moi ?

Vous était-il impossible de vérifier que la mauvaise tenue de nos collections, les causes multiples qui les compromettent, ont été signalées par
moi à l'administration municipale, dans de nombreux rapports, dix ans
avant l'arrivée de M. George à Toulouse, et sans insulter personne?

(1) Les passages que j'ai marqués de guillemets ont été supprimés par M. Lacointa.

L'article de l'*Illustration* (16 juillet 1853) que M. George cite en note de son Rapport, vous êtes-vous enquis à quelle occasion, dans quel but il fut rédigé, et quels en furent les auteurs ?

Pour en venir à des faits plus précis :

Ignorez-vous, quoi qu'en dise M. George, que M. Suau ne fut jamais conservateur du Musée ?

Que jamais il n'a mesuré ni fait mesurer aucune toile ?

Que, chargé par M. Sans de rédiger un nouveau catalogue, il eut recours à moi pour les mesures ?

Que le tableau d'Antoine Coypel n'existait plus alors au Musée ?

Que j'en ai la preuve écrite de la main de M. Suau, et qu'il ne la démentirait pas si, comme M. George, j'avais la faculté de faire parler les morts ?

Qu'il n'existait pas davantage dans les magasins, puisque, à l'occasion de l'exposition, ils furent vidés de fond en comble, en présence d'une commission administrative présidée par M. le Maire, et dont M. Suau faisait partie ?

Ces raisons vous paraissent-elles aussi mauvaises qu'à M. George ?

M. le Directeur, bien que je ne sois plus rien au Musée, vous admettrez sans peine que je m'intéresse toujours à cet établissement, comme artiste, comme toulousain, et qu'en cette double qualité, je me préoccupe de la tendance finale de votre publication ; car je ne suppose pas qu'elle ait eu lieu pour insulter gratuitement *tout le monde*, comme vous dites ; *tous et chacun*, comme je dis.

Or, voici ce qui m'y apparaît de plus clair :

Le Musée de Toulouse a été administré jusqu'à ce jour d'une manière déplorable : il est donc urgent de lui donner une autre direction.

Les conservateurs n'ont pas pu ou n'ont pas su résister aux injonctions du Maire, de qui seuls ils relèvent : il y a donc nécessité d'instituer un conservateur indépendant.

Ces messieurs « sont généralement choisis parmi les peintres à qui manquent les connaissances requises pour un pareil emploi » : il faut donc leur substituer un homme familiarisé avec *l'art des anciens maîtres,* — un ancien expert du Louvre, par exemple.

Beaucoup d'anciens tableaux ont été négligés dont la valeur pourtant est inappréciable, entre autres celui de Me *Jehan, pintre et imagier de la vila de Tholosa en* 1444 : l'honneur de notre cité veut qu'on les retire de leurs catacombes, et que la restauration, *travail important et rempli de difficultés,* en soit confiée à un homme spécial qui aura fait ses preuves en ce genre.

Ce sauveur nécessaire de notre Musée aura, du reste, bien d'autres travaux *plus importants et plus remplis de difficultés :* n'avons-nous pas à restaurer le Rubens et toute l'Ecole italienne? Est-il, d'ailleurs, bien sûr que les restaurations de M. Horsin-Déon ne soient pas à recommencer?

Or, toutes ces entreprises fussent-elles menées à bonne fin, notre Musée courrait encore plus d'un péril.

D'abord les galeries actuelles sont mauvaises : la ville ne saurait se dispenser d'en construire de nouvelles. Eh! qui en dirigerait les projets, si ce n'est l'homme *qui a visité tous les musées de l'Europe?*

Puis viendra la question du personnel, qu'il faut mettre en rapport avec l'importance de l'établissement, sous l'autorité, bien entendu, de celui qui aura rédigé le nouveau réglement......

Est-ce bien là votre pensée, M. le Directeur? Me trompé-je en concluant de votre double publication que l'homme indispensable n'est autre que M. George ?

« J'ai rempli pendant 23 ans les fonctions de conservateur du Musée « sans autre rétribution que l'honneur de représenter ma ville natale « auprès des artistes et des connaisseurs qui le visitent ; un manque « d'égards a suffi pour que j'y renonce : à quoi bon me calomnier ? (1) »

Qu'un autre maintenant obtienne à l'encontre de l'autorité municipale une indépendance dont je n'ai jamais joui ; qu'on écoute ses réclamations et ses plaintes mieux que les miennes ; qu'on lui ouvre à deux battants les portes du trésor municipal où je puisais d'une main si discrète..... je n'en serai pas jaloux. L'irresponsabilité me plaît, j'aime peu la lutte, j'ai horreur des questions d'argent. Hélas! je suis peintre et non pas entrepreneur.

Place donc à M. George!

Vous avez bien prétendu que *vous le connaissiez uniquement par ce qu'il dit de lui-même dans son mémoire :* je ne vous crois pas. Pour de-

(1) Deuxième passage supprimé.

mander qu'on lui confie pareil dépôt, de pareilles attributions, vous ne vous contenteriez pas d'avoir lu ce *chef-d'œuvre :* votre *ingénuité* ne va pas à ce point. Non, je ne vous crois pas ; car vous avouez votre *incompétence* en ces matières, et personne n'en doute. . . . .

(1) ..... M. George a des ennemis, dites-vous. S'il en était malheureusement ainsi, ce qui vous reste à dire les disposera à supporter avec plus de patience ce *caractère ombrageux , ces habitudes de rondeur, et ce défaut de ménagement pour les hommes et pour les choses* que vous lui attribuez.

Je n'ai jamais eu à lui reprocher rien de pareil. Quand il vint à Toulouse avec la mission unique de voir quels de nos tableaux nécessitaient une restauration et en quoi elle devait consister, il me déclara franchement que les *désastres du Musée,* grossis à dessein pour stimuler l'administration , étaient peu de chose et seraient aisément réparés. Nos relations, depuis, ont été parfaites ; et récemment encore, il me saluait à Luchon avec une grâce charmante, tandis qu'à Toulouse vous imprimiez son Rapport.

Certes, j'ai pu m'étonner que M. Mortemard, le rentoileur du Louvre, et M. Horsin-Déon, le restaurateur que nous a choisi M. de Nieuwerkerke, aient toujours refusé de s'entendre avec lui ou même de le voir ; mais rien de ma part n'eût motivé une pareille répugnance, et je pardonnerais presque à M. George les attaques *posthumes* qu'il m'adresse dans son écrit, si vous aviez laissé ce Rapport confidentiel au Capitole, à la disposition de M. le Maire, sous les *trois clefs* que recommande *votre prudence bien connue.* Mais il vous a plu, M. le Directeur, de le divulguer, et, malgré vos insinuations, je ne m'habituerai jamais à entendre dire de moi que j'ai manqué à mes devoirs, à la probité peut-être.

La fin des vacances ramènera, sous peu de jours , mon conseil, et j'aviserai avec lui sur le parti que je dois prendre pour obtenir justice. En attendant, je vous prie, et vous requiers au besoin, d'insérer ma lettre dans le plus prochain n° de votre *Revue,* car il m'importe d'informer sans retard vos lecteurs de l'impression que j'ai reçue.

Recevez, M. le Directeur, etc..... signé : PRÉVOST.

(1) Ici figurait le troisième passage supprimé par M. Lacointa.

Le temps écoulé depuis que j'écrivais ainsi n'a modifié en rien mes impressions; mais d'autres soucis, d'autres soins sont venus qui, m'absorbant tout entier, ne m'ont pas permis d'y donner les suites que je projetais alors. Elles me sembleraient maintenant hors de saison, et, s'il faut le dire franchement, il me répugne de m'en occuper. La seule chose qui m'importe, c'est de rendre à ma lettre la signification que je voulais lui donner, et dans ce but je vais d'abord dire un mot sur deux des passages supprimés par la *Revue de Toulouse.*

Premier passage. — Etonné que le rapport de M. George eut quitté le Capitole pour passer dans la *Revue,* certain aussi que M. le Maire n'a demandé ni autorisé cette publication, je demandais : qui donc l'a provoquée? M. Lacointa supprime ces questions pour se dispenser d'y répondre, et il écrit en note: « Pardon! M. Prévost; mais vous arrivez à un passage » où vos attaques s'adressent à d'autres qu'à moi. »

Qu'on relise ce passage! qui donc attaque-t-il? Aujourd'hui comme au 22 octobre, plus encore qu'au 22 octobre, je suis certain que M. le Maire n'a pas permis la publication du Rapport de M. George. Sous quel prétexte donc est-il sorti des bureaux pour passer dans la *Revue?* Me dire qu'il y a là une attaque contre un tiers, c'est me faire supposer une compromission dont le secret reste inconnu. Pour en dissimuler l'importance, M. Lacointa insère, à la suite de ma lettre, une délibération du Conseil municipal datée du 11 juillet 1859, et dont voici le dispositif :

Article premier. — Des remerciments sont adressés à M. George pour son rapport relatif aux tableaux du Musée.

Article 2. — Une allocation de la somme de 1500 francs à prendre sur les fonds disponibles de l'exercice courant est votée en sa faveur, à titre d'indemnité.

Article 3. — Le conseil émet le vœu que le Mémoire de M. George reçoive la publicité, par l'impression, à tel nombre d'exemplaires qu'il sera *ultérieurement* déterminé.

Et M. Lacointa ajoute *que, le moment venu, il comparaîtra devant nos juges, cette pièce à la main pour tout moyen de défense.* Il lui suffira, en effet, de dire: puisque le Conseil municipal a voté l'impression du Mémoire, la *Revue* n'est-elle pas excusable de l'avoir imprimé?

M. Lacointa n'y réfléchit pas! S'il se pouvait qu'un Conseil municipal insérât dans ses délibérations une attaque à la considération d'un citoyen, ce citoyen, sans nul doute, aurait le droit de se plaindre, et sans nul doute obtiendrait justice de quiconque aurait rendu public cet outrage.

Mais il n'est pas vrai que le Conseil municipal de Toulouse ait voté l'impression du rapport de M. George ; il a émis simplement le *vœu* que ce rapport fût imprimé, en se réservant d'en délibérer *ultérieurement* l'impression.

Inutile de dire assurément que les 350 pages in-folio de M. George n'ont été lues ni au Conseil municipal, ni même à la commission ; et j'affirme que l'honorable rapporteur, celui-là seul qui en avait pris connaissance, signala à ses collègues, *comme devant être supprimé,* le chapitre premier du Rapport, celui précisément qu'a publié la *Revue.* J'affirme que tel fut l'objet de la réserve insérée dans la délibération.

Là, je le répète, sont incriminés tous ceux qui, à un titre quelconque, ont administré le Musée depuis son origine. Comprendrait-on le Conseil municipal infligeant la publicité de pareilles censures à tous les Maires de Toulouse, y compris M. de Campaigno ? Comprendrait-on que M. Caze après m'avoir demandé mon avis sur le travail de M. George, livrât à l'impression un Rapport où je suis traité comme on sait?

Le Conseil municipal n'a pas voulu la publication que s'est permise la *Revue*, le Maire ne l'a pas voulu : d'où provient-elle ? M. Lacointa refuse de le dire.

Deuxième passage. — Le directeur de la *Revue* n'en a pas motivé la suppression. J'y énonçais *qu'un manque d'égards avait suffi pour me faire renoncer à mes fonctions.* Aimerait-il mieux laisser croire que ma retraite a eu pour cause une destitution ou une démission forcée?

Je me trouve conduit de la sorte à donner quelques explications générales sur les derniers temps de ma direction et sur mes rapports avec M. George.

En 1844, je m'aperçus que le vernis des tableaux, par suite de l'humidité de l'air, commençait à chancir, que les repeints des restaurations anciennes reparaissaient. Je signalai cet état de choses à l'administration, en rappelant qu'il avait été déjà question d'établir un calorifère au Musée. Avec le ternissement, des boursouflures, des gerçures, quelques tendances à l'écaillement se manifestaient çà et là, qui me firent craindre des dégradations plus sérieuses. Ignorant la cause de ces effets qui se produisent plus ou moins dans toutes les galeries, les artistes et les amateurs de notre ville s'en prirent aux restaurations faites en 1830, et blâmèrent l'administration de cette époque d'avoir confié ce travail à des peintres plus ou moins étrangers à la restauration. Cette opinion se répandit dans le public et servit de thème à la critique. Quelques années se passèrent pourtant ainsi sans que l'administration, trop distraite par les évènements politiques les plus graves, songeât à élucider la question.

Un artiste de notre ville, dans un but louable sans doute, mais par un moyen dangereux, chercha à réveiller l'attention de nos édiles. Il profita du passage à Toulouse d'un rédacteur de l'*Illustration* pour faire rédiger un article qui fut inséré dans le *Journal de Toulouse*. L'auteur jetait l'alarme sur le Musée, et blâmait sévèrement le Conseil municipal sur son inertie. Cet article ne fit qu'augmenter et grandir dans l'opinion publique l'idée que nos tableaux étaient perdus. Quelques mois après, ce même article parut dans l'*Illustration*. Ce journal, répandu dans toute la France, signalait ainsi la ville de Toulouse comme peu digne de sa réputation.

Je saisis cette occasion pour engager le Maire à nommer une commission qui recherchât les moyens de conserver nos toiles. Cette commission fit un rapport détaillé sur toutes les questions qui lui étaient soumises. Plus tard, un congrès scientifique vint tenir ses séances à Toulouse; une de ses commissions devait faire une visite au Musée; elle n'y parut pas, et néanmoins, notre établissement n'échappa point aux critiques de ces savants. Une note détaillée sur tout ce qui se passe dans les galeries quant à la surveillance des élèves, avait été remise par l'artiste en question à un membre du congrès, toujours dans le but d'amener le Conseil municipal à donner au directeur du musée les moyens d'action qu'exigent ces établissements; le compte-rendu du congrès, rédigé à Paris, arrive à Toulouse, et nos lecteurs, étonnés, ne peuvent se lasser d'admirer la perspicacité de ces savants découvrant au loin des négligences de service qui semblent échapper aux conservateurs eux-mêmes.

C'est sous l'influence de ces articles et des commentaires plus ou moins malveillants qu'ils provoquèrent, qu'une nouvelle commission vint faire en 1853 une reconnaissance officielle des tableaux renfermés dans les magasins du Musée. Cette influence fut telle sur l'esprit fasciné du rapporteur qu'il signala comme absent de la galerie un tableau de Bloëmen qui n'avait pourtant pas bougé de place, et transforma en 1600 francs l'article de 300 francs inscrit au budget de la ville pour le balayage des salles.

Ce n'est pas tout : le ballon gonflé ne put s'arrêter avant d'avoir atteint le sommet de la hiérarchie administrative. Le Préfet de cette époque, prêtant son appui moral au mode de stimulation employé par l'artiste en question, s'irrite contre la municipalité, et me met dans la nécessité de la défendre contre une menace de rapport au ministre d'Etat; de me défendre moi-même, en lui expliquant les causes de mon impuissance pour faire le bien que je désirais.

Une telle situation vis-à-vis de M. le Préfet avait quelque chose de fort pénible et d'un autre côté de passablement étrange, en ce que le *deus ex machinâ* de tout cet imbroglio m'avait mis enfin au courant des causes de tout ce bruit artificiel. Ainsi, pour m'aider à mieux remplir ma tâche au Musée, cet ami malencontreux me lançait à la tête un énorme pavé qui, portant à faux, allait par son choc mouvoir d'autres pavés, lesquels, en ricochant et revenant sur ma personne, me transformaient en bouc émissaire des négligences et des lésineries de toutes les administrations passées, présentes et futures.

L'artiste en question était l'habile paysagiste feu Richard; le Préfet, M. Migneret.

Afin que le travail de la commission amenât un résultat positif et pût éviter au Maire de 1853 les reproches adressés à celui de 1830, j'engageai ce magistrat à s'adresser au directeur des musées impériaux pour qu'il voulût bien désigner à l'administration une personne capable de l'éclairer sur ce qu'il était convenable de faire pour conserver nos collections.

M. le Maire posa la question au Conseil, qui vota une somme de 1500 fr. pour cet objet. On décida qu'il était plus prudent de consulter un artiste d'une profession neutre que de s'en rapporter à un restaurateur ou à un rentoileur. Le directeur du Musée du Louvre ne fut point consulté. J'ignore par qui M. George a été présenté.

On voit par là comment s'écrit l'histoire; comment les exagérations de la presse, même dans un but louable, en exaltant les esprits faciles à tromper et à entraîner, en fournissant à d'autres matière à critique malveillante et intéressée, finissent par tout brouiller et tout dénaturer.

Arrive maintenant M. George.

La première impression que produit sur lui le Musée, et qu'il m'exprime, c'est qu'il croyait, d'après ce qui lui avait été dit, trouver les tableaux dans un état de délabrement complet; il s'étonne de nos alarmes. Pour remplir sa tâche en connaissance de cause, M. George consulte le registre de la Mairie où sont consignés les restaurations de 1830; il apprend que trente-deux toiles ont occupé la commission de cette époque; que tout s'est borné à laver, nettoyer et revernir ces tableaux. Il n'y a pas eu de rentoilage ni de nettoyage complet; quelques pièces ont été mises, des mastics ont été repeints : les principaux tableaux sont restés intacts. Ainsi tombent toutes les accusations portées contre l'administration de 1830.

Ce que l'administration de 1853 désirait connaître, c'était l'état réel de dégradation de nos toiles, la nature des travaux à exécuter, et quels artistes d'un talent reconnu elle en chargerait. Il fallait encore un devis approximatif de la dépense.

Certes, quinze à vingt jours suffisaient pour faire ce rapport. Voyant qu'après un mois de notes prises et de promenades sur les échelles, le travail n'avançait pas, j'engageai M. George, dans son intérêt, d'aller plus vite en besogne, lui faisant comprendre qu'il serait difficile de lui faire allouer une somme plus considérable que celle qui avait été votée par le Conseil. Il ne tint nullement compte de mes observations, devint fort préoccupé, et, loin de travailler à son rapport, il commença à baguenauder, à devenir passablement brouillon et brutal. M. Rocamir de la Torre, restaurateur de tableaux, mis à l'épreuve par l'administration, reçut les premières atteintes de la fougue caractérielle de l'ancien expert.

Je compris parfaitement que notre personnage allait entreprendre le siége de la place, mettre en batterie des canons à rayure inconnue parmi nous, et se servir de projectiles plus ou moins meurtriers. Examinons dans le premier chapitre de son Rapport, la qualité de sa poudre et la justesse de son tir.

1. M. George fait connaître à ses lecteurs les termes de son mandat, et explique comment il s'est agrandi.

Il prétend que M. le Maire (M. Cailhassou), et son adjoint (M. Massol, de Montastruc), non-seulement l'ont autorisé, mais invité à traiter, à développer tous les sujets qu'il jugerait convenable pour améliorer l'état actuel du **Musée**.

Le mandat de M. George étant déterminé par le Conseil municipal, ainsi que l'allocation destinée à rémunérer ses services, le Maire ne pouvait l'autoriser ni l'inviter à entreprendre un travail indéfini sans sortir des limites de son droit administratif.

L'assertion de M. George est d'autant plus douteuse, que cette administration avait cherché à rendre sa mission inutile, puisqu'elle protégeait chaudement *M. Rocamir de la Torre*, auquel, en se retirant, elle a voulu donner un témoignage de sa bienveillance en le nommant *Restaurateur du Musée de Toulouse*, emploi qui ne pouvait être définitif que par l'approbation officielle de M. le Préfet.

II. M. George déclare qu'ayant visité presque tous les musées de l'Europe, il n'en a vu aucun ou il règne autant d'incurie et de désordre, où les tableaux soient plus mal tenus, plus mal classés et moins respectés que dans le Musée de Toulouse..... Il signale des bosses qui se trouvent dans la partie inférieure des tableaux.

Il n'est pas nécessaire de visiter tous les musées de l'Europe pour faire usage de ses yeux et voir des *bosses*. A lire ce passage, on dirait qu'elles étaient de la grosseur d'un œuf ou d'une noix, fait qui n'aurait échappé au regard de personne. Or, les saletés qui se logent entre le châssis et la toile sont des inconvénients inhérents à toutes les galeries. Quand il s'agit de petits tableaux, il est facile d'y remédier à l'instant; pour les grands qu'on ne remue qu'à l'aide de machines, on attend le remaniement de plusieurs tableaux.

Quant à l'état des tableaux, l'article de l'*Illustration* avait été écrit précisément pour y remédier : M. George ne fait que le répéter et l'amplifier.

III. Le rapporteur reproche à l'administration l'emploi qu'elle fait de la grande salle du Musée pour les solennités publiques; il voudrait que le conservateur fut assez indépendant de l'administration pour s'opposer à cet abus. Le conservateur devrait du moins, dit-il, avant de se soumettre, en référer à la commission (1).

____

(1) Je pourrais citer telle commission dont les membres ont figuré pendant plusieurs années sur les calendriers de Toulouse, qui n'a jamais été convoquée par le Maire.

Chaque nouvelle administration, sur les réclamations du conservateur, promet de respecter le Musée ; mais les exigences des services publics et l'insuffisance des locaux forcent l'autorité à passer outre. En administration, l'indépendance n'existe pour personne.

IV. Depuis plus de vingt ans on n'a rien fait ou presque rien pour le Musée ; il y a des tableaux qui n'ont pas été revernis depuis un demi-siècle, et dont le vernis est entièrement décomposé.

Ils ont tous été revernis en 1835.

V. M. George se récrie sur les lambeaux du tableau de Jouvenet, recueillis et roulés sur un cylindre, la peinture en dedans.

Tous les tableaux que donne le gouvernement à la ville sont roulés, la peinture en dedans.

Pour les tableaux anciens, quand la toile est souple, la peinture peu empâtée et le cylindre assez fort, on peut sans danger rouler en dedans. C'était le cas du Jouvenet. Si le tableau est rentoilé, il faut rouler en dehors. Si la toile est trop épaisse et trop raide, il faut emballer le tableau sans le rouler.

VI. Les tableaux ne sont pas les seuls objets qui aient eu à souffrir de la déplorable gestion des personnes qui ont dirigé les affaires du Musée depuis sa création. Il y a vingt-cinq ans environ, tous les cadres anciens ont été remplacés par de mauvaises bordures de fabrique qui produisent un effet détestable, et sont déjà en partie brisées et dédorées. Je dois attirer l'attention de l'autorité sur cet acte coupable.

Si le critique avait tenu à connaître la vérité, il aurait appris que, avant 1830, la plupart des grandes toiles étaient sans cadre ; que d'autres avaient pour bordures des liteaux en bois, et quelques-unes des baguettes dorées de deux ou trois centimètres de large, clouées sur la peinture. Quelques tableaux de petite dimension étaient seuls décorés par des cadres en chêne sculpté qui ont été replacés par moi depuis longtemps. *Les cadres anciens et l'acte coupable* sont de l'invention de M. George.

VII. Le rapporteur s'élève avec force contre un acte de complaisance qui est sévèrement défendu dans tous les Musées, et dont il n'a trouvé, dit-il, un exemple que dans celui de Toulouse. (Il s'agit du tableau de Subleyras, prêté pour quelque temps à une congrégation religieuse.

Le chapitre des considérations personnelles a toujours joué et jouera toujours son rôle dans l'administration des affaires humaines. A quoi bon être *pouvoir*, être *autorité*, si l'on ne peut faire un peu de favoritisme et de bon plaisir ! On n'assujétira jamais l'homme à jouer le rôle d'un simple piston et à fonctionner avec la régularité et l'insensibilité d'une machine sans cœur, sans entrailles, et sans un but plus ou moins intéressé.

A entendre l'ancien expert, on dirait que les administrations de toutes les grandes villes de l'Europe lui ont permis de fouiller leurs cartons pour faire de leur contenu l'objet de ses censures.

Ce qu'il y a de piquant ici, c'est qu'il a adressé, sans s'en douter, ses plaintes et ses reproches justement à l'adjoint coupable de complaisance !

VIII. Des toiles plus ou moins intéressantes, gisent à l'écart dans le plus complet abandon, ou sont disséminées dans les églises, faisant défaut à l'établissement spécial qu'elles n'auraient jamais dû quitter.

Le local du Musée et par conséquent les surfaces de ces galeries restant les mêmes, les dons du gouvernement et les acquisitions de la ville augmentant les collections, il est trois partis à prendre :

1º Construire un nouveau Musée, ou tout au moins loger dans de nouvelles galeries les objets d'art autres que les peintures.

Si le savant rapporteur veut procurer des centaines de mille francs à la ville, elle s'empressera de les accepter et de loger magnifiquement l'antique école palladienne qu'il a découverte ; elle sera heureuse de le charger de *l'enlevage* de toutes les vénérables fresques qui décorent les monuments religieux abandonnés dans le midi de la France, et récompensera sa science, son goût éclairé, son zèle, sa conscience, et son amour désintéressé pour les reliques du passé en donnant son nom au monument.

2º Refuser les dons et ne rien acquérir de nouveau. — Ce qui serait absurde.

3º Eliminer peu à peu les toiles les moins importantes, en concédant, par exemple, aux églises de la commune les sujets religieux qui n'ont pas une grande valeur artistique. — C'est ce qu'on a fait.

IX. En passant de nouveau en revue les tableaux du Musée, sa surprise a été, dit-il, extrême de ne pas trouver le tableau de *maître Jehan* où il l'avait laissé, et replacé dans les hypogées malsaines du Musée.

Le lecteur saura que, pour M. George, les mois sont des jours et les années des mois : ce personnage n'appartient pas à notre planète. Le panneau de Jehan est resté contre une colonne du fond du musée à l'attendre en vain ; puis il a été descendu au bas de l'escalier ; enfin, ne voyant plus venir l'éternel auteur du rapport, maître Jehan est monté au magasin du premier étage, où il est sans doute encore.

M. George ne s'informe jamais de rien, et il prétend toujours avoir appris. Quant à l'humidité du sol du dessous du musée, qu'on transforme en marais, la terre est aussi sèche que la cendre.

X. On trouvera encore des exemples d'une incurie des plus déplorables au sujet du tableau du Perugin.

Le tableau du Perugin, peint sur un panneau de bois très-épais, était vermoulu dans un de ses angles et sur une partie des bords ; de plus, les planches s'étaient disjointes dans le haut. Pour réparer ces avaries, il faut des ouvriers très-habiles et habitués à ce genre de travail. Toulouse ne possède pas et ne peut posséder cette spécialité d'artistes. Je me serais bien gardé de prendre la responsabilité de cette opération, puisque des réparations allaient être généralement entreprises. *L'incurie déplorable* n'était que prudence.

Heureusement que l'homme providentiel est venu pour tout sauver ! l'ancien expert a bien voulu faire réparer le panneau sous sa direction. Les gracieusetés dont il a gratifié l'exécutant m'ont convaincu de la difficulté de l'opération. Je suis persuadé que, s'il avait trouvé le panneau tel qu'il est maintenant, il m'eût traité de vandale !

Ce précieux tableau a eu, en outre, l'insigne honneur de voir promener le fatal coton sur sa surface par l'habile main de l'artiste qui s'est, dit-il, occupé pendant trente-cinq ans de restauration ; il l'a *nettoyé* en ma présence et en celle de M. Rocamir. Ce dernier l'a ensuite restauré ; car tout le *talent pratique* du savant rapporteur se borne à manier le coton. Il n'a jamais touché le crayon ni le pinceau.

Lorsque ce tableau a été terminé, les amateurs qui l'ont vu n'ont plus reconnu, disaient-ils, leur Perugin : il était *éreinté*.

Le nettoyeur n'a pas manqué de tout mettre sur le dos de son collègue ; il tient essentiellement à rester pur, immaculé, et infaillible aux yeux de ses aveugles admirateurs.

Il est arrivé à MM. George et Rocamir ce qui arrive invariablement à tous les restaurateurs, quel que soit leur mérite. Si les amateurs avaient vu le tableau sortant des mains de M. l'expert, ils l'auraient déclaré perdu, tandis qu'il n'en est rien. La crasse et le jaunissement des vernis donnent aux tableaux anciens une harmonie qu'ils n'ont pas réellement. Il est des couleurs qui changent plus que d'autres en vieillissant. L'accord qu'avait mis l'artiste entre ses teintes en peignant, disparaît plus ou moins avec le temps. Quand le nettoyage a lieu, le voile tombe, l'harmonie s'évanouit..... l'amateur ne reconnaît plus le tableau.

Dans le Perugin, les têtes se détachent en vigueur sur un ciel clair ; au nettoyage, la teinte claire du ciel gagne plus en lumière que celle des chairs : l'opposition, plus tranchée, choque nécessairement l'œil habitué au vieux accord. Aussi le restaurateur cherche-t-il à ne pas nettoyer à fond, et à laisser une couche de vieux vernis. La difficulté de l'opération consiste à conserver l'uniformité de cette teinte dorée ; sans cela, il se produit le plus souvent des facules plus ou moins apparentes. Pour faire disparaître ces taches, le restaurateur les patine. C'est ce qu'a fait M. Rocamir. La première impression passée, l'œil s'habitue au tableau restauré ; quelques années après, le temps a refait son harmonie, en attendant qu'il détruise le tout.

Les critiques qu'on lit dans la presse sont dues en général à des littérateurs qui écrivent sous le choc de la première impression reçue par leur rétine, sans jamais faire intervenir le raisonnement guidé par l'expérience et la connaissance des procédés de l'art : aussi ce criticisme aveugle et brutal est cause de la perte de beaucoup de tableaux.

En effet, le restaurateur, plus jaloux de sa réputation que de la conservation des tableaux qu'on lui confie, connaissant les effets que produisent les nouvelles restaurations sur ce qu'on appelle *le public éclairé,* ne se gêne pas, pour les remettre en harmonie, de passer des glacis sur tout ce qui crie un peu et est cependant parfaitement pur et conservé ; il reproduit artificiellement les effets du temps. L'amateur est ravi, enchanté ; mais, quelques années après, la patine *naturelle* du temps, combinée à la patine *artificielle,* a fait disparaître l'harmonie de la peinture originale ; il faut de nouveau recurer, nettoyer, restaurer, et en définitive fatiguer et gâter le tableau : la compositioo reste, le coloris disparaît pour faire place à un spectre sans nom.

XI. Je ne dissimulerai pas la vive indignation dont j'ai été saisi en voyant plusieurs grandes compositions historiques abandonnées dans la cour de la Faculté des lettres..... Le tableau de Coypel n'existe plus ; on pense qu'il a été détruit depuis peu de temps.

Voici une lettre administrative qui répond à ces observations.

Toulouse, le 29 mars 1850.

Monsieur le Directeur,

En procédant à la rédaction d'un nouveau catalogue (1) des tableaux du musée, M. Suau, que l'administration a chargé de ce travail, a cru reconnaître qu'un grand nombre de toiles ou objets d'art qui figuraient sur le précédent catalogue ne se trouvaient plus dans les galeries de cet établissement.

Il importe de vérifier au plutôt l'exactitude du rapport qui m'est fait à cet égard.

Je vous prie, en conséquence, de vouloir bien me transmettre des renseignements précis sur les points suivants :

1° Quels sont les tableaux ou objets portés sur le dernier catalogue ou qui sont entrés au musée depuis, qui ne s'y retrouvent point en ce moment ? Veuillez en indiquer le n°, la dimension et le sujet.

2° Quels sont, d'après les reçus qui ont dû en être fournis, les tableaux dont l'administration a autorisé, à diverses époques, la remise à des églises ou qui peuvent se trouver dans des établissements communaux ?

J'attends dans le plus bref délai l'envoi de ce travail, pour lequel vous voudrez bien vous concerter avec M. Suau.

Recevez.....

Le Maire,

F. SANS.

Après avoir remis à l'administration le travail demandé, ainsi que les mesures de tous les tableaux, (mesures qui avaient été prises avant

---

(1) A propos de catalogue, je dois dire que depuis quinze ans celui des des Antiquités est épuisé. Un travail beaucoup trop considérable a été rédigé par M. Dumège : aussi, les commissions du budget ont-elles reculé devant la dépense. M. Polycarpe en a fait extraire un abrégé. Le manuscrit existe ; mais, malgré mes nombreuses réclamations, il attend encore l'impression. J'avais pris la résolution de ne toucher aux très-nombreux objets que renferment les vitrines de la galerie de Clarac, que lorsque ce catalogue aurait permis de numéroter, classer et disposer convenablement tous ces monuments : voilà pourquoi ils sont restés à leur place avec leur poussière originelle.

que personne fût désigné pour la rédaction du catalogue), je n'ai reçu ni de M. le Maire ni de M. Suau aucune réclamation sur les renseignements que j'ai fournis. Depuis cette époque jusqu'à sa mort en 1856, j'ai vu ce dernier deux ou trois fois par semaine à l'école des Arts : il n'a jamais été question entre nous des tableaux du musée.

L'exposition empêcha le rédacteur du nouveau catalogue de revoir son manuscrit avant l'impression : aussi a-t-il oublié dans sa notice cinq tableaux qui étaient dans les galeries et portés au catalogue de 1836, dont les nos sont 405, 419, 317, 420, 410.

Avant le mois de mars, date de la lettre que l'on vient de lire, l'Administration ayant décidé que l'exposition des Arts et de l'Industrie aurait lieu au musée, pour donner plus de place aux objets qu'il devait contenir, M. le Maire, à la tête d'une Commission administrative dont MM. Suau et d'Aldéguier, alors conseiller municipal, faisaient partie, fit ôter par des pompiers, de la salle dite de Restauration, servant de dépôt, tous les tableaux qu'elle contenait et les fit exposer dans la cour du petit cloître. Le dessous du musée fut aussi fouillé, et tout ce qu'il contenait en fait de vieilles peintures roulées et abandonnées fut inspecté. — Maître Jehan vit aussi le jour; après quoi on réintégra sous le musée ce qu'on y avait trouvé. Tous les grands tableaux dont la dimension dépassait l'entrée du cabinet qui devait contenir les toiles laissées au musée, furent transportés au Capitole. Je n'avais plus à m'en occuper : l'administration qui me les avait confiés en avait repris possession ; ils étaient désormais sous sa responsabilité. J'ai su plus tard, comme tout le monde, qu'on en avait transporté un certain nombre dans les locaux de l'ancien Sénéchal. Trois ou quatre ans après, voilà que M. Suau m'aurait fait demander par M. George des renseignements sur le Coypel, comme si ce rédacteur de la notice était aux antipodes et qu'il eût complètement oublié le déménagement de 1850 ! M. George cite dans son Rapport, à propos d'une brochure du chevalier Rivals, rééditée par M. Suau, ce passage : « Ce tableau n'existe plus ; on pense qu'il a été détruit depuis peu de temps par des ignorants. » Que peut ici signifier le mot *ignorants*? Ce ne peut être qu'un individu qui, sans le moindre talent de peintre restaurateur, ayant voulu faire un essai, aurait gâté le tableau et l'aurait détruit pour cacher son ignorance. Or, M. Suau était peintre. M. George, s'il n'a jamais peint, sait, comme le premier *rapin* venu, qu'avec du coton imbibé d'essence on enlève facilement, après plusieurs mois, les repeints exécutés sur une vieille toile sans altérer la peinture originale et sans y laisser la moindre trace. L'ignorant n'avait nullement besoin de détruire le tableau. Si c'est là ce que MM. Suau et George ont voulu dire, ils n'ont en vérité articulé qu'une hypothèse inadmissible.

J'ai été nommé conservateur du musée en 1837, et j'ai habité les locaux de cet établissement l'année suivante. Que s'est-il passé au musée de 1830 à 1838 ? Je l'ignore. Que s'est-il passé au Capitole de 1850 à 1857 ? Je l'ignore encore.

Dans le musée, de 1838 à 1850, (en admettant que le tableau de Coypel fût dans les magasins, bien qu'il ne figure pas aux deux catalogues de 1835 et de 1836), il n'y a pas eu d'autre tableau brisé que celui de Jouvenet. Si le Coypel eût été crevé par un accident quelconque, j'en aurais instruit M. le Maire ; on l'aurait rentoilé et réparé comme le Jouvenet, et voilà tout. Un vol ? On ne vole pas un tableau de 3 mètres sur 2^m,71. — Coypel est un maître de quatrième ordre auquel on ne fait pas l'honneur de s'exposer à aller au bagne pour le vendre ou l'admirer en secret.

Si, en vue de ce fait, l'administration conservait quelque scrupule, je me joins volontiers à M. George pour solliciter une enquête.

XII. M. Mengaud m'a accompagné dans les églises, et m'a mis sur la voie des tableaux délaissés dans la cour de la Faculté des lettres..... Au besoin, il pourrait donner des renseignements circonstanciés sur tout ce qui s'est passé pendant que je travaillais dans le musée. Je me plais à constater ici qu'il m'a paru animé du plus grand zèle pour tout ce qui a rapport à cet établissement et aux améliorations à y introduire.

M. Mengaud est le *Solitaire* de l'administration : il est partout, il voit tout, il sait tout, il entend tout, il est apte à tout. M. George, d'accord avec M. Massol (de Montastruc), avait imaginé en 1855 de le faire *conservateur du musée de Toulouse.*

Le tableau que cherche M. George et que n'a pas mesuré M. Suau m'a remis en mémoire, à propos du *peintre des Bénédictines* et du poëte de *las Aoucos,* ces vers de Voltaire :

> On dit que notre ami Coypel
> Imite Horace et Raphaël ;
> A les surpasser il s'efforce ;
> Et nous n'avons pas aujourd'hui
> De rimeur peignant de sa force
> Ni peintre rimant comme lui.

J'en ai fini avec le premier chapitre, et je demanderais pardon à mes lecteurs de les avoir entretenus des pauvretés qu'il contient, si je n'avais quelques mots à dire sur les chapitres du rentoilage et de la restauration, si importants pour le Musée.

Dans quel but l'administration avait-elle demandé un Rapport? C'était pour servir de guide à la commission, qui devait surveiller ces travaux après le départ de l'expert. Ce dernier, ne partant plus, fut nommé membre de la commission de rentoilage. Cette partie du Mémoire, qui semble à la *simple lecture*, traitée avec un soin tout particulier et ne rien laisser à désirer, ne pouvait être que superficielle, parce que la seule inspection d'un tableau sur sa face peinte ne suffit pas pour reconnaître s'il faut un rentoilage simple ou double, ou s'il faut *l'enlever*. Aussi, quand le rentoileur a commencé ses travaux et que les tableaux ont été examinés sur leur deux faces, les indications du Rapport ont dû être mises de côté pour beaucoup.

Quant à l'influence de M. George sur la bonne exécution de cette opération, elle a été nulle, par des motifs qu'il serait trop long d'exposer en ce moment.

Relativement au chapitre de la restauration, qui est toujours resté sous le boisseau, il n'a servi et ne servira à rien, par la raison toute simple que les remèdes et le traitement à faire suivre à chaque toile malade, selon les prescriptions du médecin, sont ordonnés sur la seule inspection des tableaux avant le *nettoyage*, opération qui, seule, permet de juger de *l'étendue du vrai mal*. Cette partie du Rapport est, comme l'autre, à peu près illusoire. Le docteur le savait si bien, qu'il avait fait adopter à la commission le projet d'un registre dans lequel devait être décrit l'état de chaque toile *après son nettoyage*, registre qu'il devait tenir et rédiger. Et comme on ne pouvait décemment exiger qu'un volume in-folio fût écrit pour rien, la ville aurait été obligée de payer une troisième fois les consultations du docteur.

La question de la restauration est si grave, si difficile, si délicate, qu'il est bon que mes lecteurs sachent qu'elle a amené des modifications dans le personnel de l'administration des musées impériaux, à la suite des critiques plus ou moins fondées qu'ont soulevées les restaurations de 1857 et 1858. Le ministre d'Etat a décidé qu'à l'avenir une commission prise dans la section de peinture de l'Institut serait appelée à donner son avis sur tout ce qui concerne la restauration et la conservation des tableaux.

Le ministre et la commission auront beau faire : ils ne feront pas que la restauration ne soit toujours de la restauration. On peut, par des moyens préventifs bien entendus, prolonger la vie des hommes et des choses ; mais rien ne répare « des ans l'irréparable outrage. »

Quant aux artistes restaurateurs qui possèdent un talent reconnu au milieu de la foule qui exerce ce genre d'art à Paris, et après les trois restaurateurs attachés au Louvre, on en compte trois ou quatre en dehors de cet établissement auxquels une ville puisse confier un musée. Or, chacun d'eux sait, en théorie, tout *ce qu'a écrit* M. George, et pratique la restauration que ce dernier n'exerce pas. Aucun de ces artistes n'aurait voulu l'accepter pour guide et arbitre souverain de ses travaux, car il voulait aussi se faire nommer *directeur des restaurations* (1).

Dans un musée, le rentoilage et la restauration se font tous les quatre-vingts ou cent ans. Si trois déménagements équivalent à un incendie, il est bien rare que les trois opérations dont je parle, pratiquées sur un tableau, ne détruisent pas la pureté et l'originalité d'un maître.

Le Rapport de M. George renferme un passage relatif au charlatanisme des restaurateurs qui prétendent posséder des secrets. Ce charlatanisme a pour frère aîné celui des simples théoriciens qui ont le secret d'en imposer à leurs crédules lecteurs.

Je terminerai mes observations en revenant à la *Revue de Toulouse.*

Son directeur, après avoir avancé dans le n° du 1ᵉʳ octobre que le mémoire de M. George avait été payé deux fois, revient sur cette affirmation pour dire dans le n° du 1ᵉʳ novembre : « que M. George n'a » reçu qu'une allocation de 1500 fr. Nous nous étions trompés en disant » qu'il en avait reçu deux. »

---

(1) On peut être très-habile, très-fin connaisseur et appréciateur de tableaux sous le rapport des écoles et des maîtres, être très-versé dans tout ce qui concerne la valeur commerciale et artistique des objets d'art, sans jamais avoir manié le pinceau. L'industrie d'un simple expert ne peut s'exercer que dans une capitale.

Sur la première somme de 1500 fr. votée en 1853, il fut fait une saisie-arrêt par M⁰ Tourraton, avoué à Toulouse, pour le compte d'un sieur Grimail. M. George a touché, en 1858, 700 fr., solde des 1500 dont il a fourni quittance.

La seconde somme de 1500 fr., allouée à titre d'indemnité, a été reçue par M. George en 1860.

M. Lacointa avait donc dit vrai la première fois ; il s'est trompé ou a été trompé la seconde.

Ceci lui démontrera qu'il est toujours bon de se renseigner sur les choses qu'on affirme.

Persuadé, de plus, qu'il n'est pas mauvais de prendre des informations sur les personnes qu'on recommande, en écrivant ma lettre au Directeur de la *Revue*, j'y posais sur M. George quelques questions qu'il supprima en la reproduisant. J'en fus fâché alors, je l'en remercie à cette heure. Sous la forme que je leur donnais, elles pouvaient susciter des hypothèses fâcheuses qui n'étaient point dans ma pensée.

Provoqué outrageusement dans ma retraite, et comprenant enfin que depuis sept années j'étais le point de mire d'attaques souterraines dont j'avais ressenti les effets sans en soupçonner la cause, n'aurais-je donc pas eu le droit de récriminer à mon tour ? Artiste et homme de cœur, je veux imposer silence à des ressentiments que la justice de mes concitoyens a déjà calmés.

Si la marche étrange et décousue des choses du musée ne m'avait assigné le rôle fort peu gracieux et passablement injuste du *pelé,* du *tondu,* du *galeux* d'où venait tout le mal, dans la fable que vous savez, j'aurais complètement gardé le silence.

Dans la disposition d'esprit où je suis en ce moment, je ne formerai qu'un vœu ; je l'adresse très-humblement à M. le Maire : c'est..... oserais-je le dire ? c'est de placer ce modeste écrit dans le *coffre* qui doit conserver le *chef-d'œuvre* de M. George, en veillant mieux à ses *trois clés.*

TOULOUSE — TYP. I. VIGUIER, RUE DES CHAPELIERS.